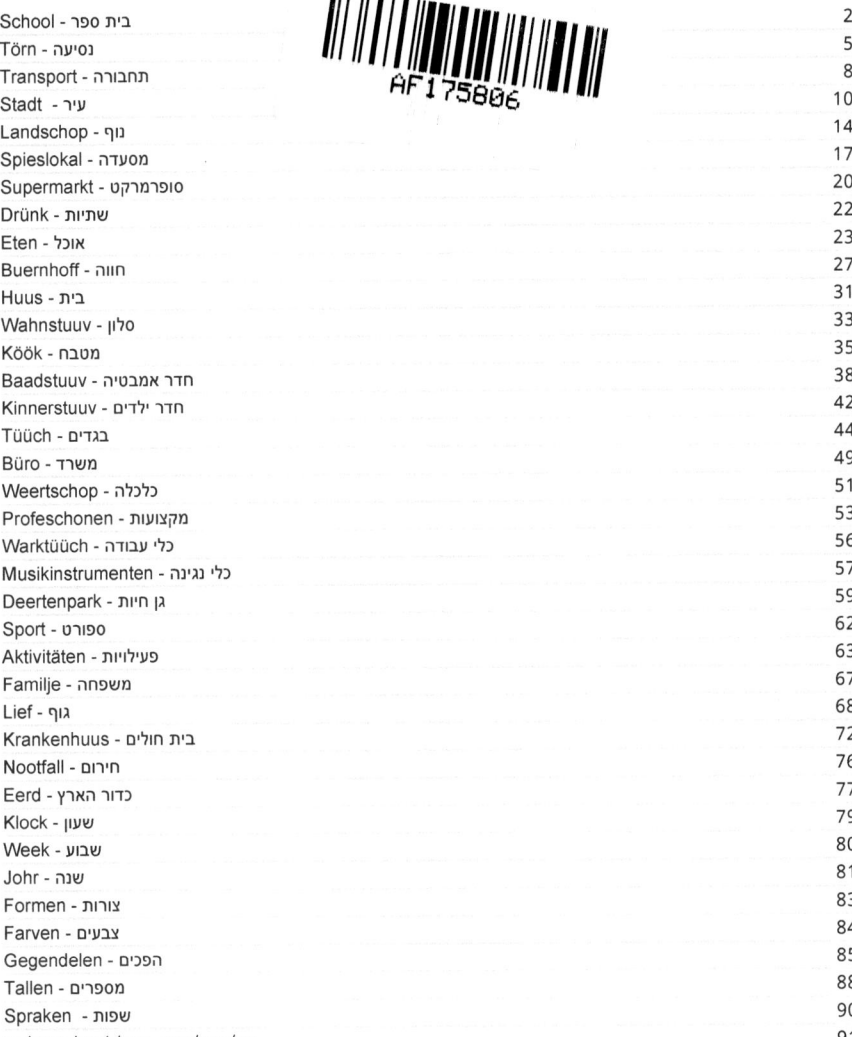

Impressum
Verlag: BABADADA GmbH, Nedderfeld 112 , 22529 Hamburg
Geschäftsführer / Verlagsleitung: Harald Hof
Druck: Books on Demand GmbH, In de Tarpen 42, 22848 Norderstedt

Imprint
Publisher: BABADADA GmbH, Nedderfeld 112 , 22529 Hamburg, Germany
Managing Director / Publishing direction: Harald Hof
Print: Books on Demand GmbH, In de Tarpen 42, 22848 Norderstedt, Germany

School

בית ספר

Klassenstuuv
כיתה
delen
חילק
186/2
Tafel
לוח
Schoolhoff
Schoolmeester
מורה
Papeer
נייר
schrieven
כתב
Sticken
עט
Schrievdisch
שולחן עבודה
Lienholt
סרגל
Book
ספר
Schöler
תלמיד

Ranzel

ילקוט

Feddermapp

קלמר

Bleesticken

עיפרון

Scharpmaker

מחדד

Radeergummi

גומי מחיקה

Tekenblock

חוברת סרטוט

Teken

סרטוט

Pinsel

מברשת

Malkassen

קופסת צבעים

Scheer

מספריים

Klever

דבק

Heft to'n Öven

ספר תרגול

Huusopgaav

שיעור בית

12

Tall

מספר

2+2

tohooptellen

חיבר

5-2

aftrecken

חיסר

2×2

malnehmen

הכפיל

reken

חישב

A

Bookstaav

אות

ABCDEFG
HIJKLMN
OPQRSTU
VWXYZ

ABC

אלפבית

hello

Woort

מילה

Text

טקסט

lesen

קרא

Kried

גיר

Stunn

שיעור

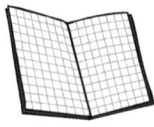

Klassenbook

יומן נוכחות

Pröven

מבחן

Tüügnis

תעודה

Schooluniform

תלבושת בית ספר

Utbillen

חינוך

Nakieksel

אנציקלופדיה

Universität

אוניברסיטה

Mikroskop

מיקרוסקופ

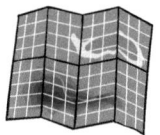

Koort

מפה

Papeerkorf

סל נייר

Hotel
מלון
Harbarg
הוסטל
Wesselstuuv
המרת מטבע
Kuffer
מזוודה
Auto
אוטו

Spraak

שפה

jo / ne

כן / לא

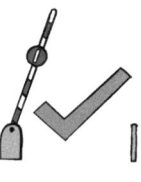

Jo

בסדר

Moin

שלום

Översetter

מתרגם

Dank ok

תודה

Wat kost...?

?.....כמה עולה

Ik verstah nich

אני לא מבין

Problem

בעיה

Goden Avend

ערב טוב!

Moin!

בוקר טוב!

Gode Nacht!

לילה טוב!

Tschüüs

להתראות

Richt

כיוון

Bagaasch

כבודה

Tasch

תיק

Rüchsack

תרמיל גב

Gast

אורח

Stuuv

חדר

Slaapsack

שק שינה

Telt

אוהל

Touristeninformatschoon

מרכז מידע לתיירים

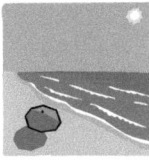

Strand

חוף ים

Kreditkoort

כרטיס אשראי

Fröhstück

ארוחת בוקר

Meddageten

ארוחת צהריים

Avendeten

ארוחת ערב

Fohrkort

כרטיס

Fohrstohl

מעלית

Breefmark

בול

Grenz

גבול

Toll

מכס

Bottschop

שגרירות

Visum

אשרה

Pass

דרכון

Transport

תחבורה

Fleger
מטוס
Schipp
אונייה
Füerwehrauto
כבאית
Autobus
אוטובוס
Lastwagen
משאית
Motoorboot
סירת מנוע
Fohrrad
אופניים
Auto
אוטו

Fähr

....

מעבורת

Boot

....

סירה

Motoorrad

....

אופנוע

Polizeiauto

....

ניידת משטרה

Rönnauto

....

מכונית מרוץ

Lehnwagen

....

רכב שכור

Carsharing

מכוניות בשיתוף

Afsleepwagen

אוטו גרר

Müllauto

משאית זבל

Motoor

מנוע

Kraftstoff

דלק

Tanksteed

תחנת דלק

Verkehrsschild

תמרור

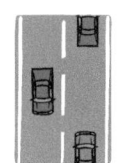

Verkehr

תנועה

Stau

פקק תנועה

Afstellplatz

חניה

Bahnhoff

תחנת רכבת

Sporen

פסי רכבת

Tog

רכבת

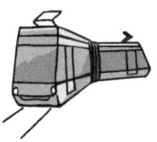

Stratenbahn

רכבת קלה

Wagon

קרון

Dwarsmöhl

מסוק

Flooghaven

שדה-תעופה

Tower

מגדל

Fohrgast

נוסע

Grootkist

קונטיינר

Karton

קרטון

Koor

עגלה

Korf

סל

starten / lannen

המראה / נחיתה

Stadt
עיר

Dörp

כפר

Binnenstadt

מרכז העיר

Huus

בית

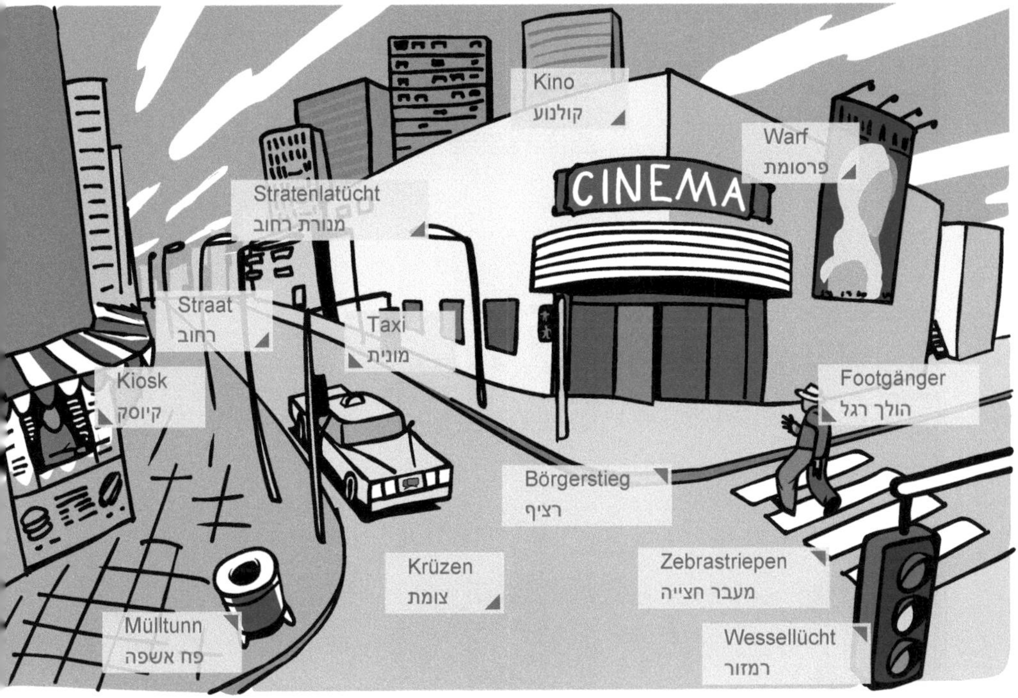

Kino
קולנוע

Warf
פרסומת

Stratenlatücht
מנורת רחוב

Straat
רחוב

Taxi
מונית

CINEMA

Kiosk
קיוסק

Footgänger
הולך רגל

Börgerstieg
רציף

Krüzen
צומת

Zebrastriepen
מעבר חצייה

Wessellücht
רמזור

Mülltunn
פח אשפה

Hütt
בקתה

Wahnung
דירה

Bahnhoff
תחנת רכבת

Raathuus
עירייה

Museum
מוזיאון

School
בית ספר

Stadt - עיר

11

Universität

אוניברסיטה

Bank

בנק

Krankenhuus

בית חולים

Hotel

מלון

Afteek

בית מרקחת

Büro

משרד

Bookhökerie

חנות ספרים

Hökerie

חנות

Blomenhökerie

חנות פרחים

Supermarkt

סופרמרקט

Markt

שוק

Koophuus

כל-בו

Fischhökerie

מוכר דגים

Inkoopszentrum

קניון

Haven

נמל

Parkanlaag

פארק

Bank

ספסל

Brüch

גשר

Trepp

מדרגות

Ünnergrundbahn

רכבת תחתית

Tunnel

מנהרה

Busstoppsteed

תחנת אוטובוס

Bar

בר

Spieslokal

מסעדה

Breefkassen

תא דואר

Stratenschild

שלט רחוב

Parkklock

מדחן

Deertenpark

גן חיות

Baadanstalt

בריכת שחיה

Moschee

מסגד

Buernhoff

חווה

Ümweltversmudden

זיהום

Karkhoff

בית עלמין

Kark

כנסייה

Speelplatz

מגרש משחקים

Tempel

בית מקדש

Landschop

נוף

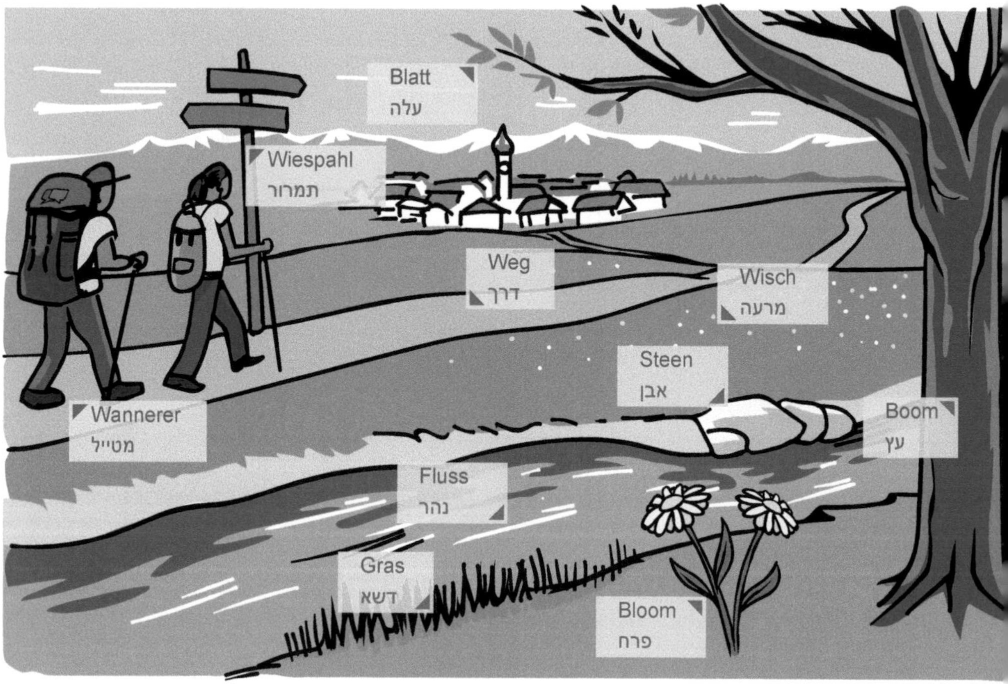

![Landschop scene]

Blatt — עלה

Wiespahl — תמרור

Weg — דרך

Wisch — מרעה

Steen — אבן

Boom — עץ

Wannerer — מטייל

Fluss — נהר

Gras — דשא

Bloom — פרח

Daal

בקעה

Barg

הר

See

אגם

Holt

יער

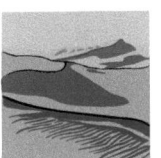

Wööst

מדבר

Füerspien Barg

הר געש

Slott

טירה

Regenbagen

קשת בענן

Poggenstohl

פטריה

Palm

דקל

Steekmück

יתוש

Fleeg

זבוב

Miegeemk

נמלה

Imm

דבורה

Spinn

עכביש

Sebber

חיפושית

Pogg

צפרדע

Katteker

סנאי

Swienegel

קיפוד

Haas

ארנב

Uul

ינשוף

Vagel

ציפור

Swaan

ברבור

Wildswien

חזיר בר

Hirsch

צבי

Elk

אייל הקורא

Staudamm

סכר

Windrad

טורבינת רוח

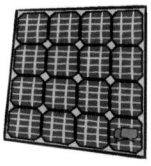

Solarmodul

פנל סולארי

Klima

אקלים

Spieslokal

מסעדה

Kellner
מלצר
Spieskoort
תפריט
Stohl
כסא
Supp
מרק
Pizza
פיצה
Bestick
סכו"ם
Dischdeek
מפת שולחן

Vörspies

מנת פתיחה

Haupteten

מנה עיקרית

Nadisch

קינוח

Drünk

שתיות

Eten

אוכל

Buddel

בקבוק

Fastfood

מזון מהיר

Strateneten

אוכל רחוב

Teekann

קנקן תה

Zuckerdoos

מסכרת

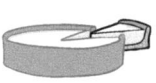

Portschoon

מנה

Espressomaschien

מכונת אספרסו

Hoochstohl

כסא תינוק

Reken

חשבון

Tablett

מגש

Mess

סכין

Gavel

מזלג

Lepel

כף

Teelepel

כפית

Munddook

מפית

Glas

כוס

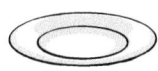

Töller

צלחת

Suppentöller

קערת מרק

Ünnertass

תחתית

Sooß

רוטב

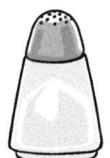

Soltstreuer

מלחייה

Pepermöhl

מטחנת פלפל

Etig

חומץ

Ööl

שמן

Krüder

תבלינים

Ketchup

קטשופ

Mostrich

חרדל

Mayonnaise

מיונז

Supermarkt

סופרמרקט

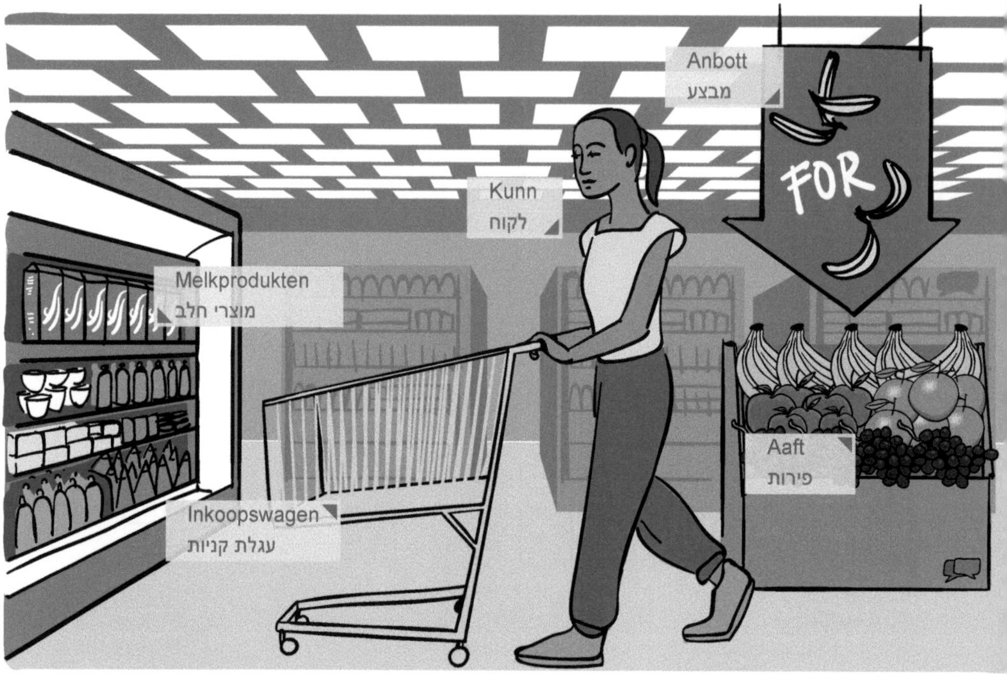

Anbott
מבצע
Kunn
לקוח
FOR
Melkprodukten
מוצרי חלב
Aaft
פירות
Inkoopswagen
עגלת קניות

BUTCHERS

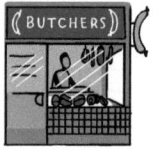

Slachterie

אטליז

BAKERY

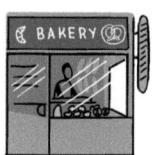

Bäckerie

מאפייה

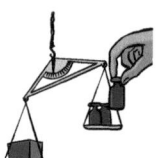

wegen

שקל

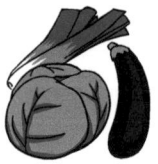

Gröönsaken

ירקות

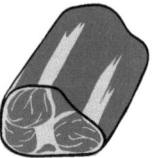

Fleesch

בשר

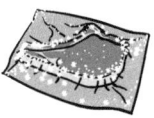

Deepköhlkost

מזון קפוא

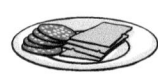

Opsnitt

....

בשר קר

Konserven

....

שימורים

Waschmiddel

....

אבקת כביסה

Snoopkraam

....

ממתקים

Huushooltssaken

....

מוצרי בית

Reinmaaktüüch

....

חומר ניקוי

Verköpersche

....

מוכרת

Kass

....

קופה

Kasserer

....

קופאי

Inkoopslist

....

רשימת קניות

Opsparrtieden

....

שעות פתיחה

Breeftasch

....

ארנק

Kreditkoort

....

כרטיס אשראי

Tasch

....

תיק

Plastiktüüt

....

שקית נילון

Drünk

שתיות

Water

מים

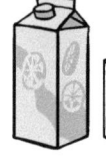

Saft

מיץ

Melk

חלב

Cola

קולה

Wien

יין

Beer

בירה

Spriet

אלכוהול

Kakao

קקאו

Tee

תה

Koffie

קפה

Espresso

אספרסו

Cappucino

קפוצ'ינו

Banaan

בננה

Appel

תפוח

Appelsien

תפוז

Meloon

אבטיח

Zitroon

לימון

Wöttel

גזר

Knuuvlook

שום

Bambus

במבוק

Zibbel

בצל

Poggenstohl

פטריות

Nööt

אגוזים

Nudeln

אטריות

Spaghetti

ספגטי

Ries

אורז

Salat

סלט

Pommes frites

צ'יפס

Braadkantüffeln

צ'יפס

Pizza

פיצה

Hamborger

המבורגר

Sandwich

כריך

Snitzel

שניצל

Schinken

שינקין

Salami

סלאמי

Wust

נקניקיה

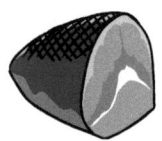

Hohn

עוף

Braden

טיגון

Fisch

דג

Haverflocken

שיבולת שועל

Müsli

מוזלי

Cornflakes

קורנפלקס

Mehl

קמח

Croissant

קרואסון

Rundstück

לחמנייה

Broot

לחם

Toast

טוסט

Keksen

עוגיות

Botter

חמאה

Quark

גבינה לבנה

Koken

עוגה

Ei

ביצה

Spegelei

ביצת עין

Kees

גבינה

Ies

גלידה

Zucker

סוכר

Honnig

דבש

Marmelaad

ריבה

Nougat-Creme

ממרח נוגט

Curry

קארי

Buernhoff

חווה

Schüün
אסם
Strohballen
חבילת שחת
Feld
שדה
Peerd
סוס
Hänger
עגלת נגרר
Trecker
טרקטור
Fahlen
סייח
Esel
חמור
Schaap
כבש
Lamm
טלה

Zeeg

עז

Koh

פרה

Kalf

עגל

Swien

חזיר

Farken

חזרזיר

Bull

שור

Goos

אווז

Aant

ברווז

Küken

אפרוח

Hohn

תרנגולת

Hahn

תרנגול

Rott

חולדה

Katt

חתול

Muus

עכבר

Oss

שור

Hund

כלב

Hunnenhütt

מלונה

Goornslauch

צינור השקיה

Geetkann

קנקן מים

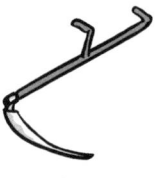

Lee

חרמש

Ploog

מחרשה

Sich

מגל

Hack

מגרפה

Mestfork

קלשון

Ext

גרזן

Schuufkoor

מריצה

Trog

שוקת

Melkkann

כד חלב

Sack

שק

Tuun

גדר

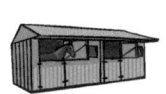

Stall

אורווה

Drievhuus

חממה

Bodden

אדמה

Saat

זרע

Dünger

דשן

Meihdöscher

מקצרה

oornen

קצר

Oorn

קציר

Yamswöttel

בטטה אפריקנית

Weten

חיטה

Soja

סויה

Kantüffel

תפוח אדמה

Törksche Weten

תירס

Rapp

קנולה

Aaftboom

עץ פירות

Troopsch Kantüffel

קסבה

Koorn

דגנים

Huus

בית

Schosteen
ארובה
Dack
גג
Regenrönn
מרזב
Finster
חלון
Garaasch
מוסך
Döörklock
פעמון
Döör
דלת
Müllemmer
פח אשפה
Breefkassen
תיבת מכתבים
Goorn
גינה

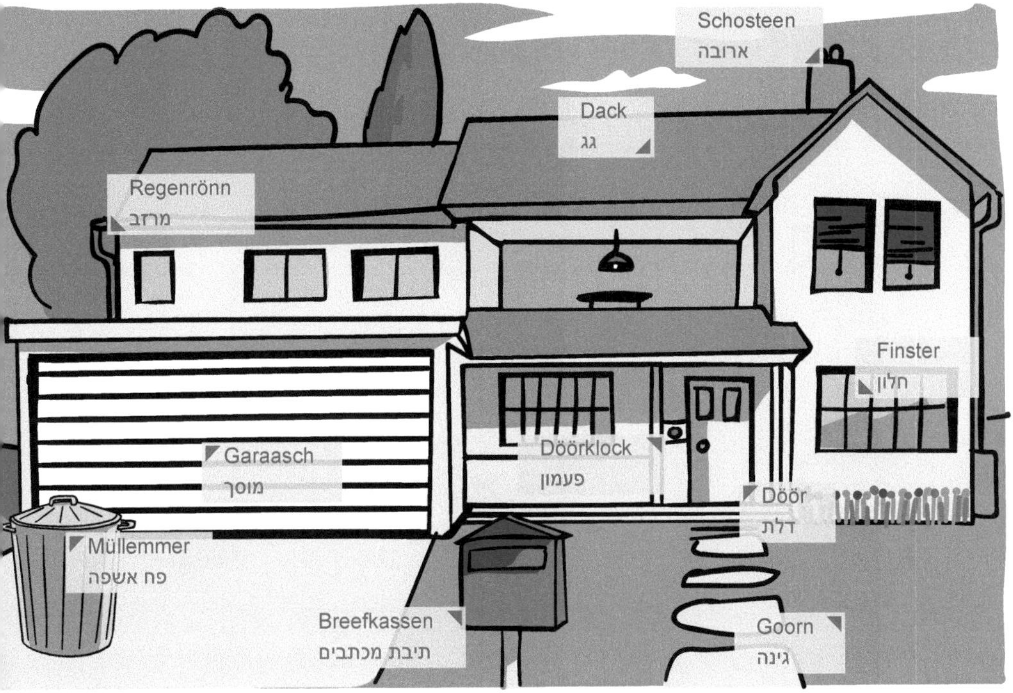

Wahnstuuv

סלון

Baadstuuv

חדר אמבטיה

Köök

מטבח

Slaapstuuv

חדר שינה

Kinnerstuuv

חדר ילדים

Eetstuuv

חדר אוכל

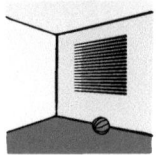

Footbodden

רצפה

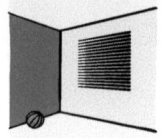

Wand

קיר

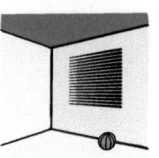

Deek

תקרה

Keller

מרתף

Hittluftbad

סאונה

Balkon

מרפסת

Terrass

מרפסת

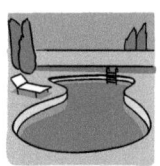

Swümmbad

בריכה

Rasenmeiher

מכסחת דשא

Bettbetog

סדין

Bettdeek

כיסוי מיטה

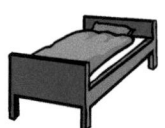

Puuch

מיטה

Bessen

מטאטא

Emmer

דלי

Schalter

מפסק

Wahnstuuv

סלון

Tapeet
טפט
Bild
תמונה
Lamp
מנורה
Regal
מדף
Schapp
ארון
Kiekkassen
טלוויזיה
Kamin
אח
Bloom
פרח
Küssen
כרית
Sofa
ספה
Vaas
אגרטל
Feernbedenen
שלט רחוק

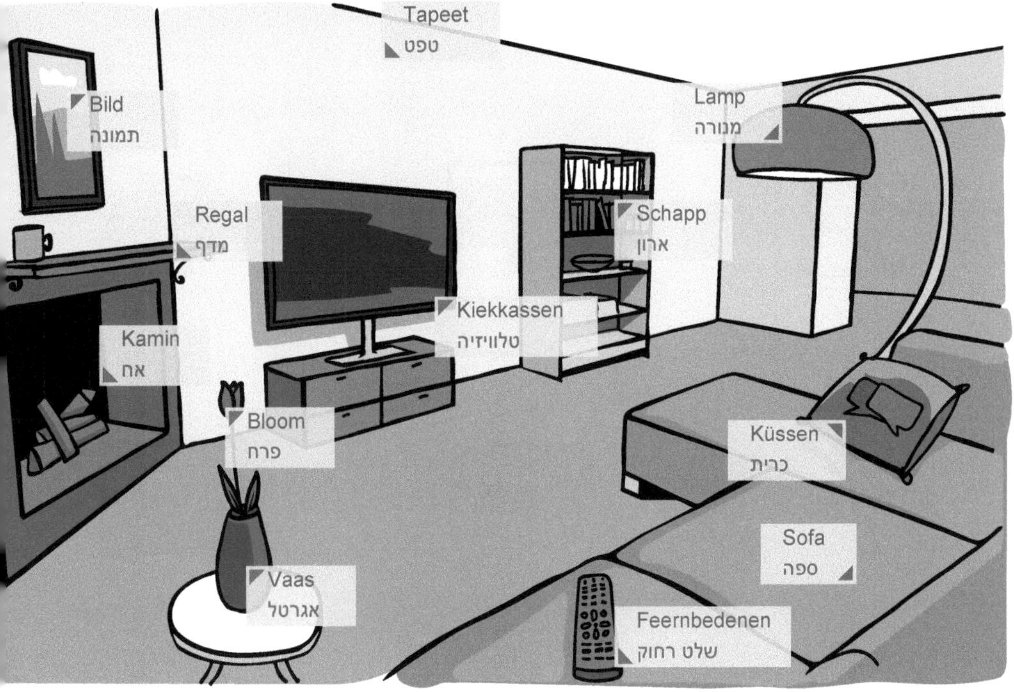

Teppich

שטיח

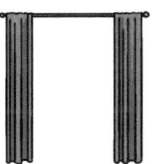

Vörhang

וילון

Disch

שולחן

Stohl

כסא

Schuckelstohl

כיסא נדנדה

Sessel

כורסה

Book

ספר

Deek

שמיכה

Dekoratschoon

דקורציה

Füerholt

עצי הסקה

Film

סרט

Stereoanlaag

מערכת סטריאו

Slötel

מפתח

Narichtenblatt

עיתון

Gemälde

ציור

Poster

פוסטר

Radio

רדיו

Opschrievblock

מחברת

Huulbessen

שואב אבק

Kaktus

קקטוס

Kars

נר

Köök
מטבח

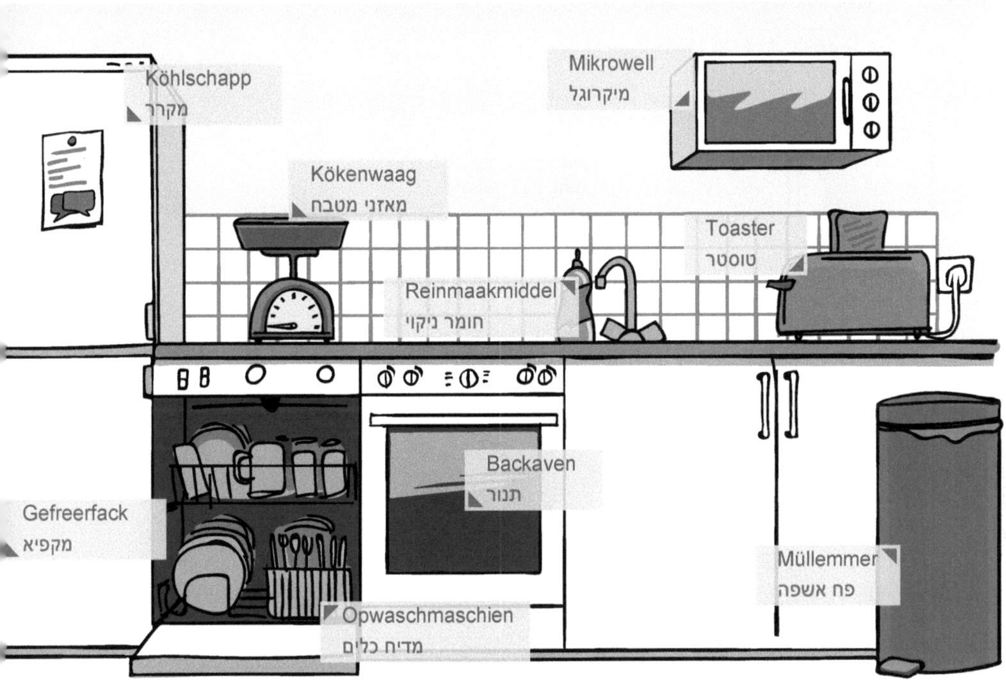

Köhlschapp
מקרר
Mikrowell
מיקרוגל
Kökenwaag
מאזני מטבח
Toaster
טוסטר
Reinmaakmiddel
חומר ניקוי
Backaven
תנור
Gefreerfack
מקפיא
Müllemmer
פח אשפה
Opwaschmaschien
מדיח כלים

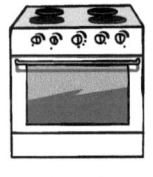

Heerd
תנור

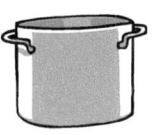

Pott
סיר

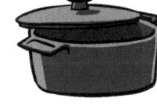

Gussiesern Putt
סיר ברזל

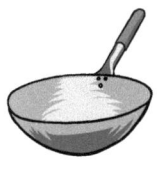

Wok / Kadai
ווק

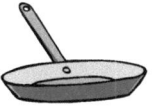

Pann
מחבת

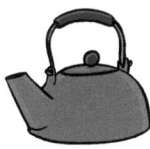

Waterkaker
קומקום חשמלי

Dampkaakputt

מאדה

Backblick

מגש אפייה

Geschirr

כלי אוכל

Beker

ספל

Schaal

קערה

Eetsticken

צ'ופסטיקס

Suppenkell

מצקת

Pannenwenner

מרית

Sneebessen

מטרפה

Kaakseef

מסננת בישול

Seef

מסננת

Riev

מגרדת

Mörser

מכתש

Grill

גריל

Füerstell

מדורה

Sniedbrett

קרש חיתוך

Nudelholt

מערוך

Proppentrecker

פותחן פקקים

Doos

פחית

Dosenaapner

פותחן קופסאות

Pottlappen

מטלית

Waschbecken

כיור

Böst

מברשת

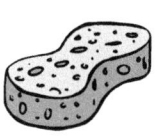

Swamm

ספוג

Mixer

בלנדר

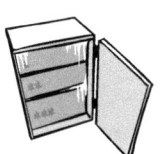

Iesschapp

מקפיא

Nuckelbuddel

בקבוק לתינוק

Waterhahn

ברז

Baadstuuv

חדר אמבטיה

Heizung
חימום
Handdook
מגבת
Bruus
מקלחת
Bruusvörhang
וילון מקלחת
Schuumbad
אמבטיית קצף
Baadwann
אמבטיה
Glas
כוס
Waschmaschien
מכונת כביסה
Waterhahn
ברז
Fliesen
אריחים
lütte Putt
סיר לילה
Waschbecken
כיור

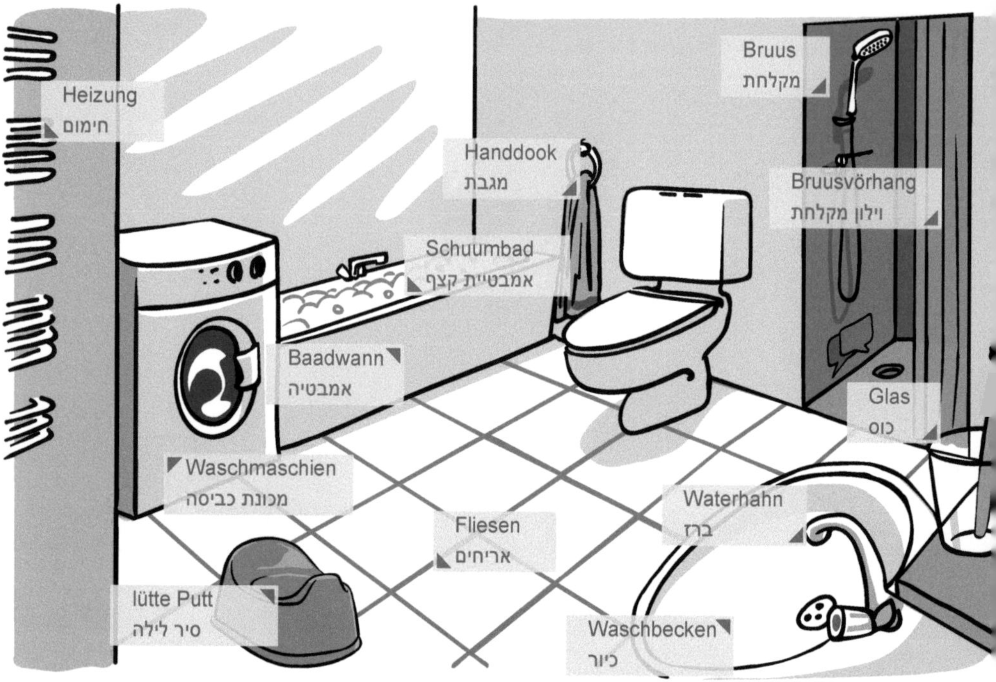

Tante Meier
אסלה

Hockklo
אסלת כריעה

Bidet
בידה

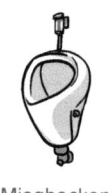

Miegbecken
משתנה

Klopapeer
נייר טואלט

Klobököst
מברשת אסלה

Tähnböst

מברשת שיניים

Tähnpast

משחת שיניים

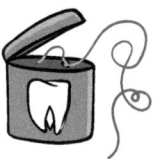

Tähnsied

חוט דנטלי

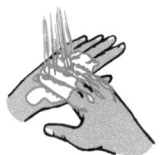

waschen

שטף

Handbruus

מקלחת יד

Intimbruus

צינור שטיפה לשירותים

Waschschöttel

קערת רחצה

Rüchböst

מברשת גב

Seep

סבון

Bruusgeel

ג'ל רחצה

Hoorwaschmiddel

שמפו

Waschlappen

ליפה

Afloop

ניקוז

Creme

קרם

Deodorant

דיאודורנט

Spegel

מראה

Kosmetikspegel

מראת יד

Raserer

סכין גילוח

Raseerschuum

קצף גילוח

Raseerwater

אפטרשייב

Kamm

מסרק

Böst

מברשת

Hoordröger

מייבש שיער

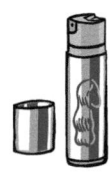

Hoorspray

ספריי לשיער

Smink

איפור

Lippensticken

שפתון

Nagellack

לק

Watt

צמר גפן

Nagelscheer

מספריים לציפורניים

Rüükwater

בושם

Kulturbüdel

תיק כלי רחצה

Schemel

שרפרף

Waag

משקל

Baadmantel

חלוק רחצה

Gummihanschen

כפפות גומי

Tampon

טמפון

Damenbinn

תחבושת סניטרית

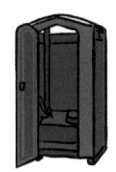

Chemieklo

שירותים כימיקליים

Kinnerstuuv

חדר ילדים

Wecker
שעון מעורר
Knudeldeert
צעצוע חיבוק
Speeltüüchauto
מכונית צעצוע
Klöter
רעשן
Poppenhuus
בית בובות
Geschenk
מתנה

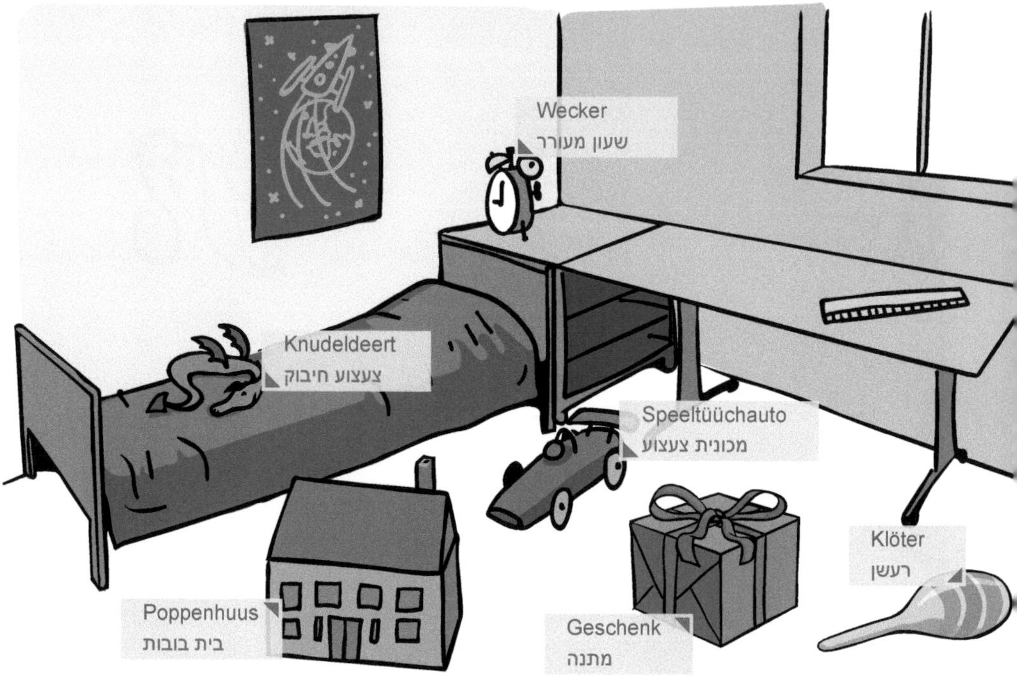

Luftballon

בלון

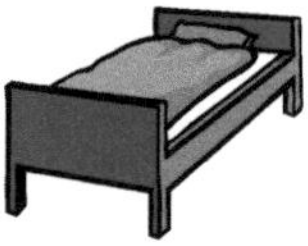

Puuch

מיטה

Kinnerwagen

עגלה

Koortenspeel

משחק קלפים

Puzzle

פאזל

Billergeschicht

קומיקס

Legostenen

לגו

Bustenen

קוביות משחק

Action-Figur

דמות משחק

Strampelantog

סרבל תינוקות

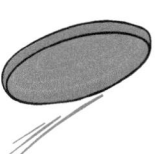

Frisbeeschiev

פריזבי

Mobile

נייד

Brettspeel

משחק לוח

Wörpel

קוביה

Modelliesenbahn

רכבת צעצוע

Snuller

מוצץ

Party

מסיבה

Billerbook

אלבום תמונות

Ball

כדור

Popp

בובה

spelen

שיחק

Sandkassen

ארגז חול

Schuckel

נדנדה

Speeltüüch

צעצועים

Speelkonsool

קונסולת משחקים

Dreerad

אופניים תלת גלגלי

Teddyboor

דובון

Klederschapp

ארון בגדים

Tüüch

בגדים

Socken

גרביים

Strümp

גרביונים

Strumpbüx

גרביון

Halsdook
צעיף

Paraplü
מטריה

T-Shirt
חולצת טי

Liefreem
חגורה

Stevel
מגפיים

Puuschen
נעלי בית

Turnschoh
נעלי ספורט

Sandalen
סנדלים

Schoh
נעליים

Gummistevel
מגפי גומי

Ünnerbüx
תחתונים

Bostholler
חזייה

Ünnerhemd
וסט

Lief

גוף

Büx

מכנסיים

Jeansnüx

ג'ינס

Rock

חצאית

Bluus

חולצה מכופתרת

Hemd

חולצה

Pullover

אפודה

Kapuzenpullover

סווצ'ר עם קפוצ'ון

Blazer

בלייזר

Jack

ז'קט

Mantel

מעיל

Övertrecker

מעיל גשם

Kostüm

תלבושת

Kleed

שמלה

Hochtietskleed

שמלת כלה

Antog

חליפה

Nachtkleed

כותונת לילה

Slaapantog

פיג'מה

Sari

סארי

Koppdook

מטפחת ראש

Turban

טורבן

Burka

בורקה

Kaftan

קאפטן

Abaya

עבאיה

Baadantog

בגד ים

Baadbüx

בגד ים

Korte Büx

מכנסיים קצרים

Antog to'n Öven

בגד אימון

Schört

סינר

Handschoh

כפפות

Knopp

כפתור

Brill

משקפיים

Armband

צמיד יד

Halskeed

שרשרת

Ring

טבעת

Ohrbummel

עגיל

Mütz

כובע

Klederbögel

קולב

Hoot

כובע

Binner

עניבה

Rietslüter

רוכסן

Helm

קסדה

Drachtband

כתפיות

Schooluniform

תלבושת בית ספר

Uniform

מדים

Severböten

מפית אוכל

Snuller

מוצץ

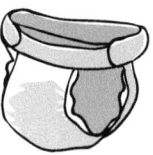

Winnel

חיתול

Büro

משרד

Server
שרת

Aktenschapp
תיקייה

Drucker
מדפסת

Papeer
נייר

Bildschirm
מסך

Schrievdisch
שולחן עבודה

Muus
עכבר

Orner
תיק

Knoopboord
מקלדת

Papeerkorf
סל נייר

Computer
מחשב

Stohl
כסא

Koffiebeker

ספל קפה

Taschenreekner

מחשבון

Internet

אינטרנט

Klappreekner

מחשב נייד

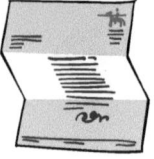

Breef

מכתב

Naricht

הודעה

Ackersnacker

נייד

Nettwark

רשת

Kopeerapparat

מכונת צילום

Software

תוכנה

Klöönkassen

טלפון

Steekdoos

שקע

Faxapparat

פקס

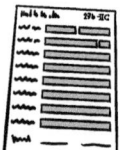

Formulor

טופס

Dokument

מסמך

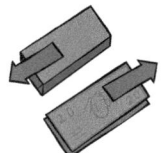

köpen

קנה

betahlen

שילם

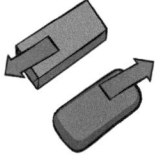

hanneln

סחר

Geld

כסף

Dollar

דולר

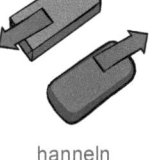

Euro

יורו

Yen

ין

Ruvel

רובל

Swiezer Franken

פרנק שווייצרי

Renminbi Yuan

יואן רנמינבי

Rupie

רופי

Geldautomat

כספומט

Wesselstuuv

המרת מטבע

Gold

זהב

Sülver

כסף

Ööl

נפט

Energie

אנרגיה

Pries

מחיר

Verdrag

חוזה

Stüer

מס

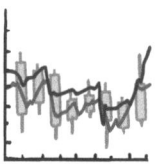

Andeelschien

מנייה

arbeiden

עבד

Anstellte

עובד

Arbeitgever

מעסיק

Fabrik

מפעל

Hökerie

חנות

Profeschonen
מקצועות

Wachtmeester
שוטר
Füerwehrmann
כבאי
Kock
טבח
Dokter
רופא
Fleger
טייס

Goorner
....
גנן

Discher
....
נגר

Neihersche
....
תופרת

Richter
....
שופט

Chemiker
....
כימאי

Schauspeler
....
שחקן

Busfohrer

....

נהג אוטובוס

Taxifohrer

....

נהג מונית

Fischer

....

דייג

Reinmaakfru

....

עובדת נקיון

Dackdecker

....

מתקן גגות

Kellner

....

מלצר

Jäger

....

צייד

Maler

....

צייר

Bäcker

....

אופה

Elektriker

....

חשמלאי

Buarbeider

....

עובד בניין

Ingenieur

....

מהנדס

Slachter

....

קצב

Klempner

....

אינסטלטור

Postbüdel

....

דוור

Suldat

חייל

Architekt

אדריכל

Kasserer

קופאי

Florist

מוכר פרחים

Putzbüdel

ספר

Schaffner

כרטיסן

Mechaniker

מכונאי

Kaptein

קברניט

Tähndokter

רופא שיניים

Wetenschopler

מדען

Rabbi

רב

Imam

אימאם

Mönk

נזיר

Paap

כומר

Warktüüch

כלי עבודה

Hamer
פטיש
Tang
צבת
Schruvendreiher
מברג
Taschenlamp
פנס
Schruvenslötel
מפתח ברגים

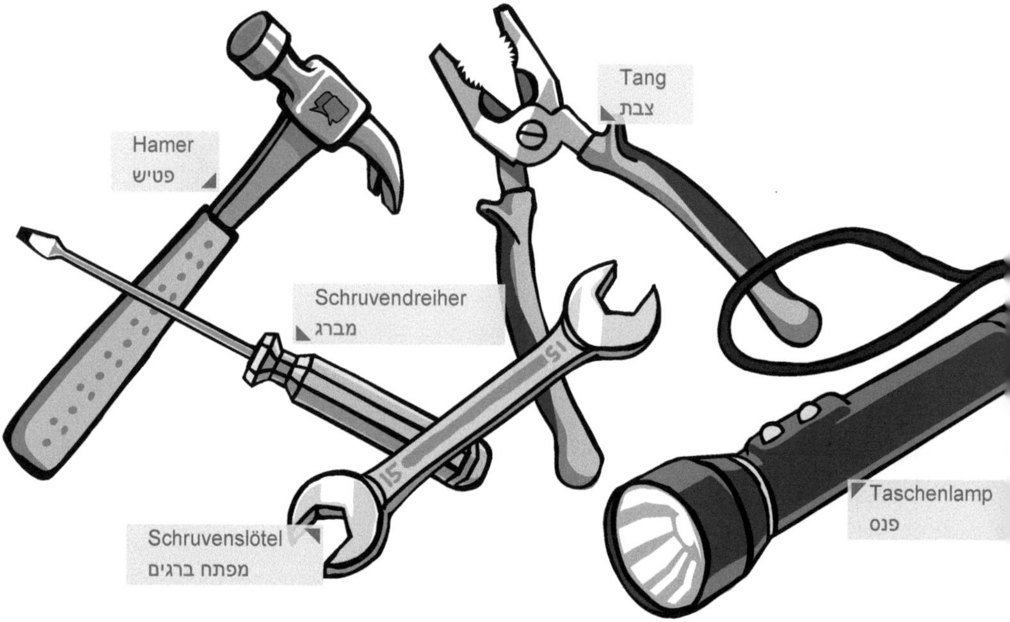

Grieper
....
דחפור

Warktüüchkassen
....
ארגז כלים

Ledder
....
סולם

Saag
....
מסור

Nagels
....
מסמרים

Bohrer
....
מקדחה

heelmaken
תיקן

Schüffel
את חפירה

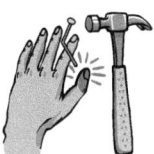

Schiet!
לעזאזל!

Kehrblick
יעה

Farvpott
פח צבע

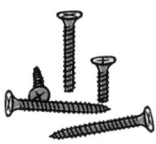

Schruven
ברגים

Musikinstrumenten

כלי נגינה

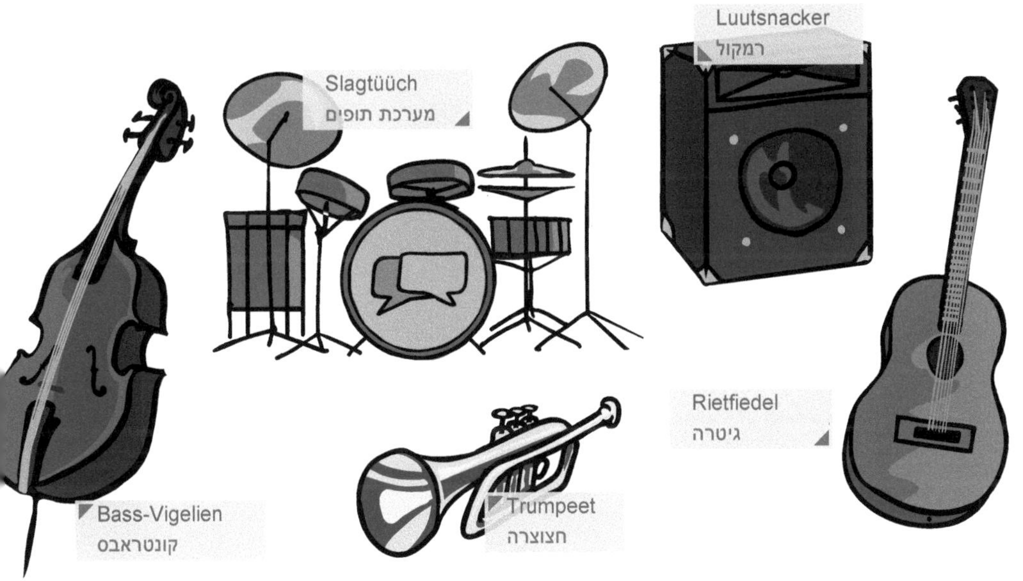

Luutsnacker
רמקול
Slagtüüch
מערכת תופים
Rietfiedel
גיטרה
Bass-Vigelien
קונטראבס
Trumpeet
חצוצרה

Klaveer

פסנתר

Vigelien

כינור

Bass

בס

Pauk

תוף הדוד

Trummeln

תופים

Keyboard

מקלדת פסנתר

Saxophon

סקסופון

Fleut

חליל

Mikrofoon

מיקרופון

Deertenpark

גן חיות

Tiger
נמר
Käfig
כלוב
Zebra
זברה
Deertenfoder
מזון לחיות
Panda-Boor
פנדה

Deerten
בעלי חיים

Elefant
פיל

Känguru
קנגרו

Neeshoorn
קרנף

Gorilla
גורילה

Boor
דוב

Kameel

גמל

Struuß

יען

Lööv

אריה

Aap

קוף

Flamingo

פלמינגו

Papagoi

תוכי

Iesboor

דוב הקרח

Pinguin

פינגווין

Haifisch

כריש

Pageluun

טווס

Slang

נחש

Krokodil

תנין

Oppasser in'n Deertenpark

שומר גן החיות

Saalhund

כלב ים

Jaguor

יגואר

Pony

סוס פוני

Leopard

לאופרד

Nilpeerd

היפופוטאם

Giraff

ג'ירפה

Aadler

נשר

Wildswien

חזיר בר

Fisch

דג

Schildkrööt

צב

Walross

סוס ים

Voss

שועל

Gazell

איילה

Sport

ספורט

Amerikaansch Football
פוטבול אמריקאי
Radfohren
רכיבת אופניים
Tennis
טניס
Korfball
כדורסל
Swümmen
שחיה
Ieshockey
הוקי
Boxen
אגרוף

Football

כדורגל

Fedderball

בדמינטון

Leichtathletik

אתלטיקה

Handball

כדור-יד

Skilopen

עשה סקי

Polo

פולו

Aktivitäten

פעילויות

lachen
צחק
springen
קפץ
ümarmen
חיבק
gahn
הלך
singen
שר
drömen
חלם
beden
התפלל
snuteln
נשק

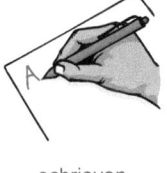

schrieven

כתב

teken

צייר

wiesen

הראה

drücken

דחף

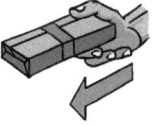

geven

נתן

nehmen

לקח

hebben

יש / להיות הבעלים

doon

עשה

sien

היה

stahn

עמד

lopen

רץ

trecken

משך

smieten

זרק

fallen

נפל

liggen

שכב

töven

חיכה

dregen

סחב

sitten

ישב

antrecken

התלבש

slapen

ישן

opwaken

התעורר

ankieken

הסתכל ב-

wenen

בכה

eien

ליטף

kämmen

סירק

snacken

דיבר

verstahn

הבין

fragen

שאל

hören

שמע

drinken

שתה

eten

אכל

oprümen

סידר

leefhebben

אהב

kaken

בישל

fohren

נהג

flegen

עף

segeln

שט

reken

חישב

lesen

קרא

lehren

למד

arbeiden

עבד

de Plünnen tohoopsmieten

התחתן

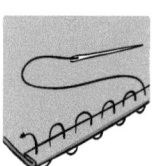

neihen

תפר

Tähnen putzen

ציחצח שיניים

dootmaken

הרג

smöken

עישן

schicken

שלח

Familje

משפחה

Grootmoder
סבתא
Grootvadder
סבא
Vadder
אבא
Moder
אימא
Winnelkind
תינוק
Dochter
בת
Söhn
בן

Gast

אורח

Tant

דודה

Unkel

דוד

Broder

אח

Süster

אחות

Lief

גוף

Vörkopp
מצח
Oog
עין
Schuller
כתף
Finger
אצבע
Gesicht
פנים
Kinn
סנטר
Hand
כף יד
Been
רגל
Bost
חזה
Arm
זרוע

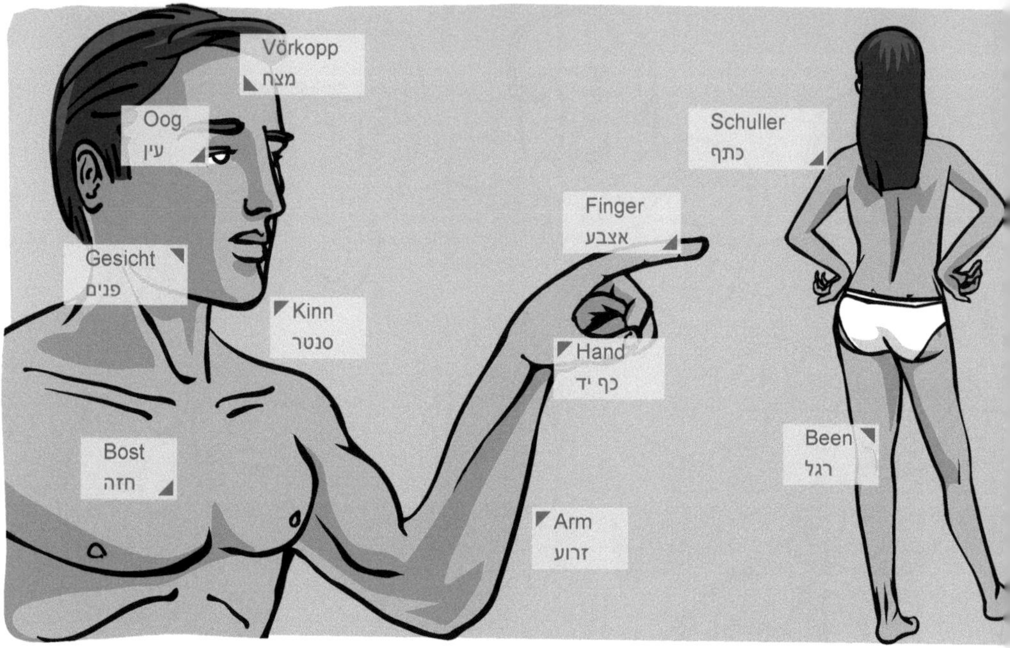

Winnelkind

תינוק

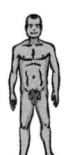

Mann

איש

Fro

אישה

Deern

ילדה

Jung

ילד

Arm

ראש

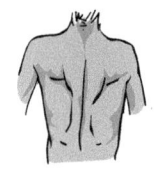

Rüch

גב

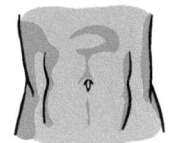

Buuk

בטן

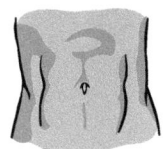

Navel

טבור

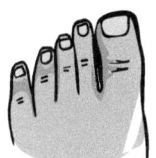

Teh

אצבע

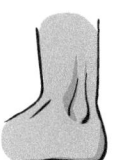

Hack

עקב

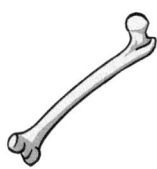

Knaken

עצם

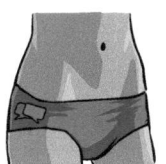

Hüft

ירך

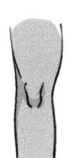

Knee

ברך

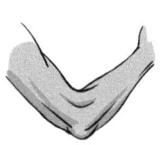

Ellbagen

מרפק

Nees

אף

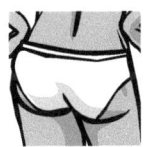

Achtersen

עכוז

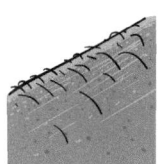

Huut

עור .

Back

לחי

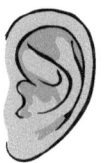

Ohr

אוזן

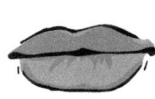

Lipp

שפתיים

Mund

פה

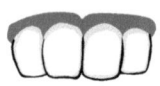

Tähn

שן

Tung

לשון

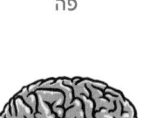

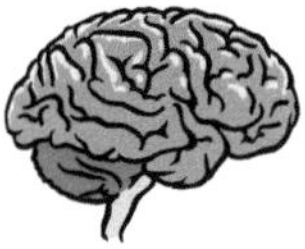

Bregen

מוח

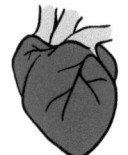

Hart

לב

Muskel

שריר

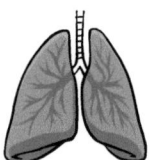

Lung

ריאה

Lever

כבד

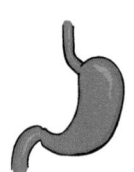

Maag

קיבה

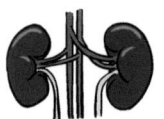

Neren

כליות

Bislaap

מין

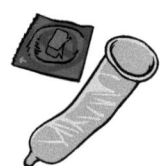

Kondoom

קונדום

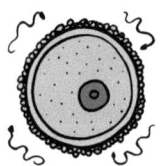

Eizell

ביצית

Sperma

זרע

Anner Ümstänn

הריון

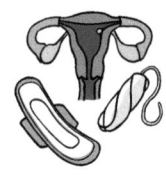

Menstruatschoon

ווסת

Scheed

נרתיק

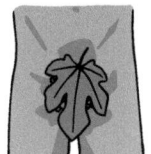

Pint

פין

Ogenbroe

גבה

Hoor

שיער

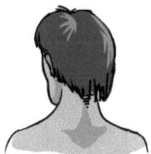

Hals

צוואר

Krankenhuus
בית חולים

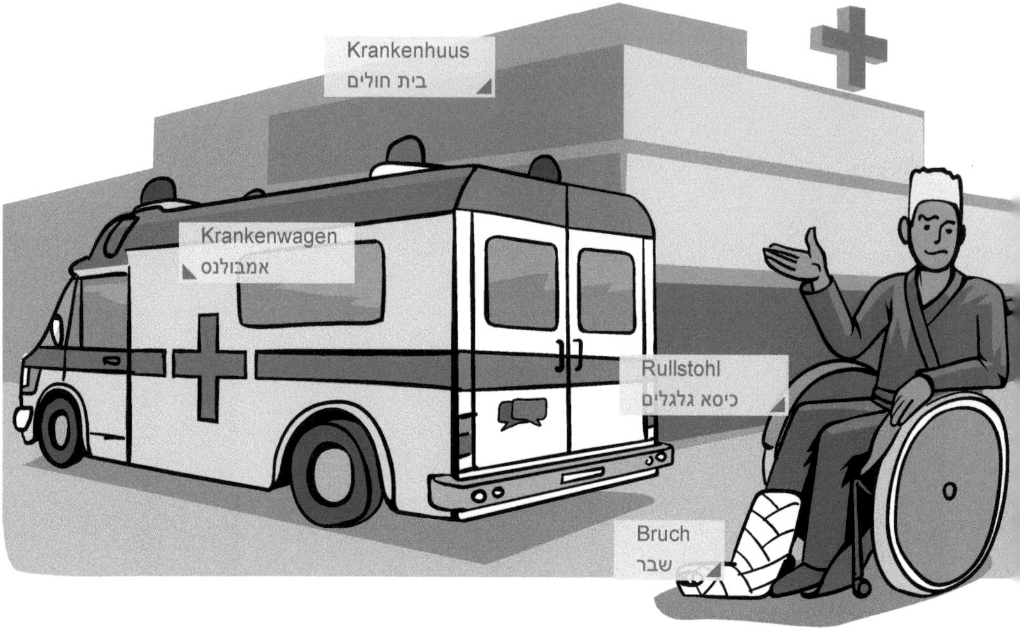

Krankenhuus
בית חולים
Krankenwagen
אמבולנס
Rullstohl
כיסא גלגלים
Bruch
שבר

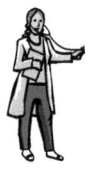

Dokter

רופא

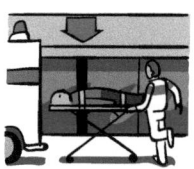

Nootopnahm

חדר מיון

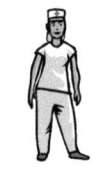

Krankensüster

אחות

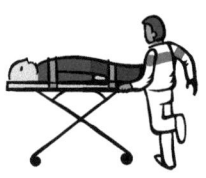

Nootfall

חירום

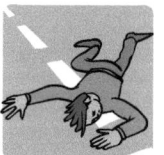

ahnmächtig

חסר הכרה

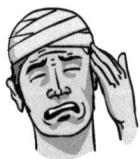

Wehdaag

כאב

Verwunnen

פציעה

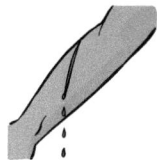

Blöden

דימום

Hartinfarkt

התקף לב

Slaganfall

שבץ

Allergie

אלרגיה

Hoosten

שיעול

Fever

חום

Gripp

שפעת

Dörchfall

שלשול

Koppwehdaag

כאב ראש

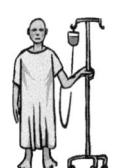

Kreeft

סרטן

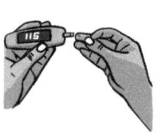

Zuckersüük

סוכרת

Chirurg

מנתח

Chirurgsch Mess

אזמל

Operatschoon

ניתוח

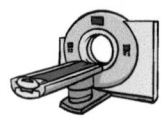

CT

סי-טי

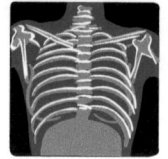

Dörchlüchten

רנטגן

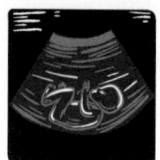

Ultraschall

אולטרסאונד

Mask

מסיכת פנים

Krankheit

מחלה

Töövruum

חדר המתנה

Krück

קבה

Plaaster

פלסטר

Verband

תחבושת

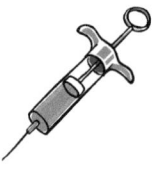

Insprütten

זריקה

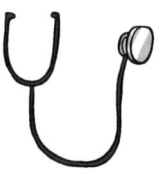

Stethoskop

סטטוסקופ

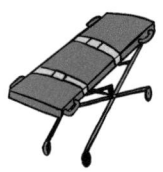

Draag

אלונקה

Feverthermometer

מד חום

Geboort

לידה

Övergewicht

עודף משקל

Höörapparat

מכשיר שמיעה

Kiemfriemiddel

מחטא

Ansteken

זיהום

Virus

נגיף

HIV / AIDS

איידס

Heelmiddel

תרופה

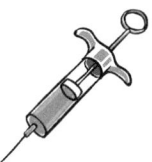

Impen

חיסון

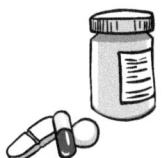

Tabletten

טבליות

Pill

גלולה

Nootroop

קריאת חירום

Blootdruck-Meter

מד לחץ דם

krank / gesund

חולה / בריא

Nootfall

חירום

Hölp!

הצילו!

Alarm

אזעקה

Överfall

פשיטה

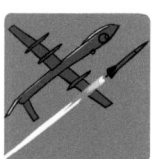

Angreep

תקיפה

Gefohr

סכנה

Nootutgang

יציאת חירום

Füer!

אש!

Füerlöscher

מטף כיבוי

Unfall

תאונה

Noothölpkoffer

ערכת עזרה ראשונה

SOS

הצילו!

Polizei

משטרה

Eerd

כדור הארץ

Europa
....
אירופה

Noordamerika
....
צפון אמריקה

Süüdamerika
....
דרום אמריקה

Afrika
....
אפריקה

Asien
....
אסיה

Australien
....
אוסטרליה

Atlantik
....
האוקיינוס האטלנטי

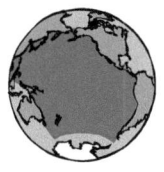

Pazifik
....
האוקיינוס השקט

Indisch Weltmeer
....
האוקיינוס ההודי

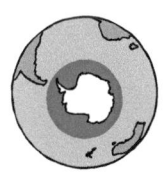

Antarktisch Weltmeer
....
האוקיינוס האנטרקטי

Arktisch Weltmeer
....
האוקיינוס הארקטי

Noordpol
....
הקוטב הצפוני

Süüdpol

הקוטב הדרומי

Antarktis

אנטארקטיקה

Eerd

כדור הארץ

Land

אדמה

See

ים

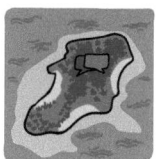

Eiland

אי

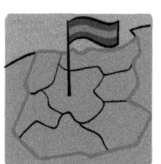

Natschoon

לאום

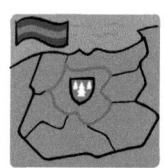

Staat

מדינה

Klock
שעון

Tallenblatt

פני השעון

Stunnenwieser

מחוג השעות

Minutenwieser

מחוג הדקות

Sekunnenwieser

מחוג השניות

Wo laat is dat?

?מה השעה

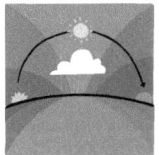

Dag

יום

Tiet

זמן

nu

עכשיו

digetaalsch Klock

שעון דיגיטלי

Minuut

דקה

Stunn

שעה

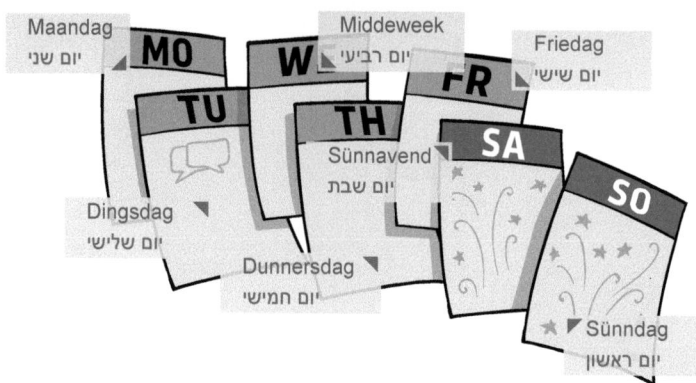

Maandag — יום שני — **MO**
Middeweek — יום רביעי — **W**
Friedag — יום שישי — **FR**
TU
TH — Sünnavend — יום שבת — **SA**
Dingsdag — יום שלישי
Dunnersdag — יום חמישי
SO
Sünndag — יום ראשון

güstern

אתמול

hüüt

היום

morgen

מחר

Morgen

בוקר

Meddag

צהריים

Avend

ערב

MO	TU	WE	TH	FR	SA	SU
1	2	3	4	5	6	7
8	9	10	11	12	13	14
15	16	17	18	19	20	21
22	23	24	25	26	27	28
29	30	31	1	2	3	4

Arbeitsdaag

ימי עבודה

MO	TU	WE	TH	FR	SA	SU
1	2	3	4	5	6	7
8	9	10	11	12	13	14
15	16	17	18	19	20	21
22	23	24	25	26	27	28
29	30	31	1	2	3	4

Wekenenn

סוף שבוע

Johr

שנה

Regen
גשם
Regenbagen
קשת בענן
Snee
שלג
Wind
רוח
Fröhjohr
אביב
Harvst
סתיו
Sommer
קיץ
Winter
חורף

4.APRIL 11°
5.APRIL 4°
6.APRIL 13°
7.APRIL 8°
8.APRIL 10°

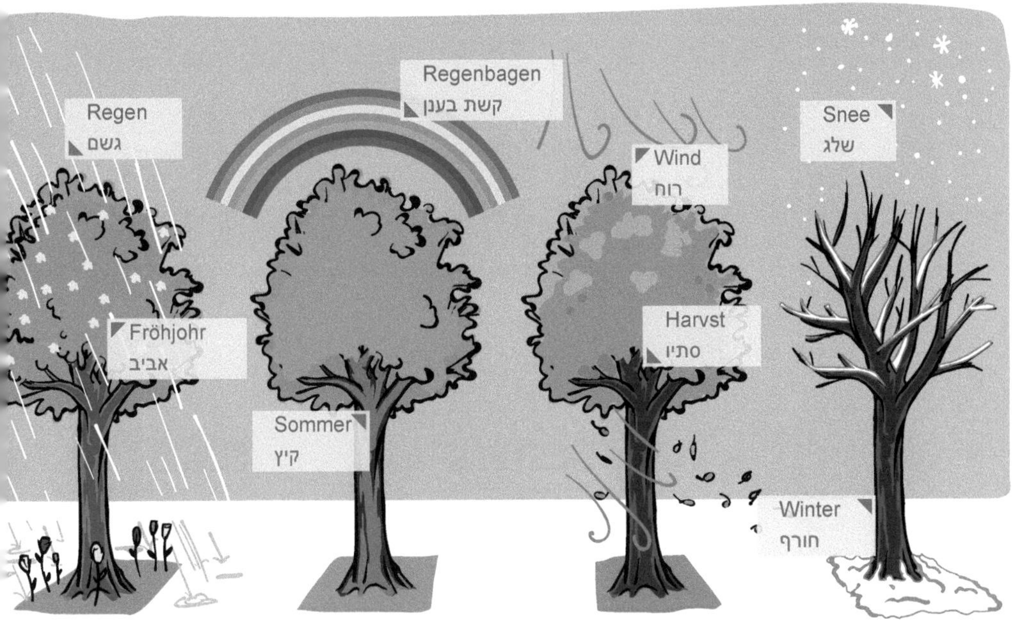

Wedervörhersaag

תחזית מזג האוויר

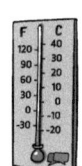

Thermometer

מד חום

Sünnenschien

אור שמש

Wulk

ענן

Nevel

ערפל

Luftfuchtigkeit

לחות

Blitz

ברק

Dunner

רעם

Storm

סערה

Hagel

ברד

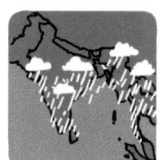

Monsun

רוח עונתי

Floot

שיטפון

Ies

קרח

Januormaand

ינואר

Februormaand

פברואר

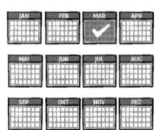

Martmaand

מרץ

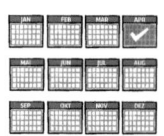

Aprilmaand

אפריל

Maimaand

מאי

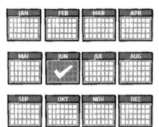

Junimaand

יוני

Julimaand

יולי

Augustmaand

אוגוסט

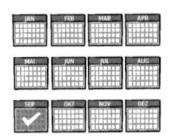

Septembermaand
....
ספטמבר

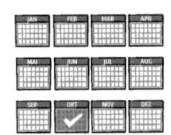

Oktobermaand
....
אוקטובר

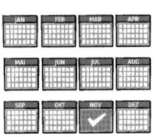

Novembermaand
....
נובמבר

Dezembermaand
....
דצמבר

Formen

צורות

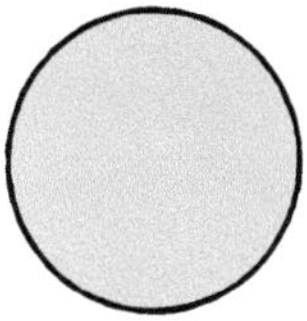

Krink
....
עיגול

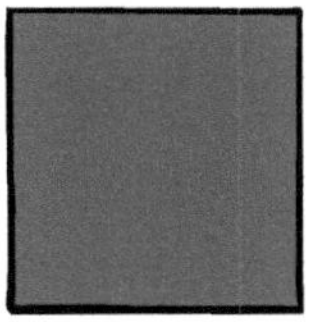

Quadrat
....
מרובע

Rechteck
....
מלבן

Dreeeck
....
משולש

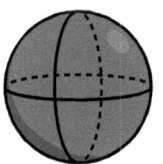

Kugel
....
כדור

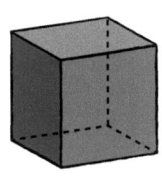

Wörpel
....
קובייה

Farven

צבעים

witt

לבן

geel

צהוב

orangsch

כתום

pink

ורוד

root

אדום

lila

סגול

blau

כחול

gröön

ירוק

bruun

חום

gries

אפור

swart

שחור

Gegendelen
הפכים

veel / wenig

הרבה / מעט

böös / verdreeglich

כועס / רגוע

smuck / mies

יפה / מכוער

Begünn / Enn

התחלה / סוף

groot / lütt

גדול / קטן

hell / düüster

בהיר / כהה

Broder / Süster

אח / אחות

schier / schietig

נקי / מלוכלך

kumpleet / nich kumpleet

שלם / חלקי

Dag / Nacht

יום /לילה

doot / lebennig

מת / חי

breet / small

רחב / צר

geneetbor / nich geneetbor

אכיל / לא אכיל

böös / fründlich

רשע / טוב לב

fickerig / langwielt

מתרגש / משועמם

dick / dünn

שמן / רזה

toeerst / toletzt

ראשון / אחרון

Fründ / Fiend

חבר / אויב

vull / leddig

מלא / ריק

hart / week

קשה / רך

swoor / licht

כבד / קל

Smacht / Döst

רעב / צמא

krank / gesund

חולה / בריא

nich na't Recht / na't Recht

בלתי-חוקי / חוקי

klook / dummerhaftig

נבון / טיפש

linkerhand / rechterhand

שמאל / ימין

neeg / feern

קרוב / רחוק

nieg / bruukt

חדש / משומש

nix / wat

כלום / משהו

oolt / jung

זקן / צעיר

an / ut

פעיל / כבוי

apen / slaten

פתוח / סגור

lies / luut

שקט / רועש

riek / arm

עשיר / עני

richtig / verkehrt

נכון / שגוי

ruug / glatt

מחוספס / חלק

trurig / glücklich

עצוב / שמח

kort / lang

קצר / ארוך

suutje / flink

איטי / מהיר

natt / dröög

רטוב / יבש

warm / köhl

חם / קר

Krieg / Freden

מלחמה / שלום

Tallen
מספרים

0	null	אפס
1	een	אחת
2	twee	שתיים
3	dree	שלוש
4	veer	ארבע
5	fief	חמש
6	söss	שש
7	söven	שבע
8	acht	שמונה
9	negen	תשע
10	teihn	עשר
11	ölven	אחת-עשרה

12	13	14
twölf	dörteihn	veerteihn
שתים-עשרה	שלוש-עשרה	ארבע-עשרה
15	16	17
föffteihn	sössteihn	söventeihn
חמש-עשרה	שש-עשרה	שבע-עשרה
18	19	20
achtteihn	negenteihn	twintig
שמונה-עשרה	תשע-עשרה	עשרים
100	1.000	1.000.000
hunnert	dusend	million
מאה	אלף	מיליון

Spraken

שפות

Engelsch

אנגלית

Amerikaansch Engelsch

אנגלית אמריקאית

Chineesch Mandarin

סינית מנדרינית

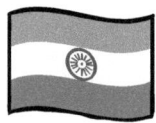

Hindi

הודית

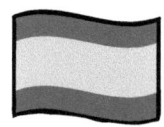

Spaansch

ספרדית

Franzöösch

צרפתית

Araabsch

ערבית

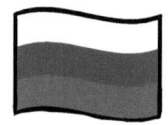

Rusch

רוסית

Portugiesch

פורטוגזית

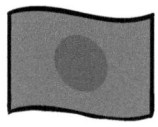

Bengaalsch

בנגלית

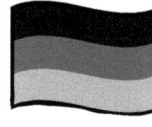

Düütsch

גרמנית

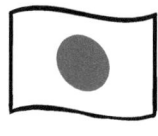

Japaansch

יפנית

wokeen / wat / wo

מי / מה / איך

ik

אני

du

אתה / את

he / se / dat

הוא / היא / זה

wi

אנחנו

ji

אתם

se

הם

keen?

מי?

wat?

מה?

woans?

איך?

woneem?

איפה?

wannehr?

מתי?

Naam

שם

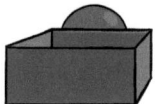

wo
איפה

achter

מאחור

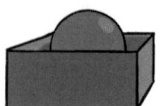

in

בתוך

vör

לפני

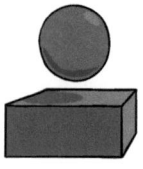

över

מעל

op

על

ünner

מתחת

blangen

ליד

twüschen

בין

Oort

מקום